© 2023 Mikko Nevantakanen

Kustantaja: BoD - Books on Demand,

Helsinki, Suomi

Valmistaja: BoD - Books on Demand,

Norderstedt, Saksa

ISBN: 978-952-80-4997-5

BIISIT

Rekan alle

Me riidellään
Tahdot ajaa meidät rekan alle
Vauva itkee takapenkillä
Mitä me tehdään kaikelle tavaralle.
En huomio sua tarpeeksi et saa
riittävästi seksiä
lyöt nyrkillä päin etulasin pleksiä.
Mä pelkään sua
vaikka muuten oot kiltti
Oot vihainen ja sanot
kovalevysi olevan tiltti.
Oot täynnä tätä kaikkea
Et halunnut lasta
Oon sun mielestä lapsellinen
elän mielikuvitusmaailmasta
Maisema vilisee
haihdun kohta pois.
Ehkä tosiaan rekan alla
parempi olla vois.
Sä tahdot omaa aikaa
vaikka sulla on harrastukset.
Mulle jää kaikki illat ja pelkät
mielikuvitukset.
Mä liun pois
suhteesta avaruuden ääriin.
Asiat paisuu ihan toisenlaiseen
svääriin.
Et jaksa mua kun itken aina

Yhteinen koti ja asuntolaina
Että tuntuu vaikka miltä
Saat kaiken kuulostamaan helvetiltä.
Sä et haluu muuttua
Eikä mulla oo oikeus koskaan
suuttua.
Sä teet mitä haluut ja sillä siisti
Tuo perkeleen kakara sulta vapauden
riisti
Eikä akka muuta tee kuin nalkuttaa.
Sä et haluu muuttua
Eikä mulla oo oikeus koskaan
suuttua.
Sä teet mitä haluut ja sillä siisti
Tuo perkeleen kakara sulta vapauden
riisti
Eikä akka muuta tee kuin nalkuttaa.

KAUPUNKI

Tässä kaupungissa sataa aina lunta.Toteet
että kumpa tää ois pelkkää pahaa
unta.Mikään ei oo niinkuin
luulit.Huhupuheita se mitä kuulit.Nää kadut
vei sen
minkä tahtoi.Yökerhossa toteen että minkä
sille mahtoi.
Kuin viileä pohjoistuuli
Sitä muiden elämää paremmaksi luuli.
Toinen toistaan parempia yksilöitä
Kaikille millään riitä ei töitä
Tahdon esittää muuta
Olla turistina kieli keskellä suuta
Metropoli se kylä
joka oli
keskellä metsää
Koeta kestää.
Täällä jokainen on vähän
parempi toista.
Mutta ei ne silti lehtien otsikoissa loista.
Karaokemestaruus ja darts kisa
iltakaljat ja pubivisa
Taustalla pellot joita säestävät
Sunnuntaiset kirkonkellot.

En oo normaali lapsi

Kun olin nuori äiti vei hoitoon mut
Siellä parannun
Ne saa kuntoon sut
En oo terve
en tee töitä
Kirjoitan runoja
valvon öitä.
Menneisyys ei jätä mua rauhaan
Sisäinen lapsi jäätyi pakkaseen lauhaan.
Musta ei oo ku pelkkää harmia
Ihmissuhteet koettelee paitsi ovea myös sen
karmia.
Mulla on musta tukka
Musta huolta riittää
Äiti Luojaa joka päivä kiittää
Kun kuulee että olen elossa
joka päivän elää pelossa
että itseni tapan
veitsellä jossa lukee made in Japan.
Oisin voinut tehdä asiat toisin
jos voisin.
Mä pelkään sitä että jätät mut
Uuteen mieheen baarissa tutustut.
Joku toinen koskee sua
etkä enää jatkossa aattele mua.
Meidän kaksioon jäisin yksin
valokuva-albumin kanssa
sekavin selityksin.
Mun ensirakkaus oli nisti

Äiti kädet silloin rukoukseen risti
Meille syntyi lapsi joka vihaa mua
Etten aattele yhtään, rakastanut sua.
Olisin voinut tehdä asiat toisin
jos voisin.
Parasta oli kun me löydettiin toisemme silloin
Kuljettiin pitkin rantaa talvi-illoin.Kuinka
kertoa tää rakkaus on ikuista
Että se repii mut
Kun sä uuteen mieheen baarissa tutustut.
Mä tahdon riittää nyt ja aina
En mokaa nappia milloinkaan paina
Eletään elämä ihan kaksin
Mä perun sen toisen taksin
Ilman sua mä hortoilen eksyneen lailla
Tahdon kanssasi kulkea
huolta vailla
En mä kaipaa kapakoita seuraa muiden
katson korteista liikkeet Saturnuksen kuiden
En odota sulta suuria
Tarvin lupauksia en tuuria.

Hyppään junan alle.

Tahdon kuolla tänään
hypätä junan alle
Mä jään kotiin en mee ulos ees tupakalle.
Tahdon miettiä rauhassa itsemurhaa
Että kaikki mitä tein oli lopulta turhaa
Mä en jaksa enää tätä
Meil on oikeus valita
Ota tai jätä.
Suhteet mulla meni niin
Kun yksi jäi oli jonossa toinen
En piitannut
Olin yhteiskunnan loinen
Jättäkää mut rauhaan
tahdon yksin olla
Ranteet auki seisoa katolla
Maailma on paha
uutiset sen näyttää
Kun verilammikot joka kuvan
täyttää
Tuntuu ettei kukaan tee asioille
mitään eikä välitä siitä milloin
minkälainen loppu on
edessä silloin.
Ei kukaan enää suojele metsiä
Jokainen haluaa onnea mutta
ei tiedä mistä etsiä.
Jos telkkarin avaan ahdistun
Kotiin jään ja sulkeudun
Tekis mieli jo lähteä

seurata katoavaa tähteä.
Jos telkkarin avaan ahdistun
Kotiin jään ja sulkeudun
Tekis mieli jo lähteä
seurata katoavaa tähteä.

Riidat

Puhe hukkuu kattiloiden kolinaan
Et ehdi hyvällä mua
kylppäristä kuuluu veden solinaa.
Ajat partaa toistelet Joo joo joo
Rakastan sua, vastaat joo joo joo
Nähdään taas illalla
Tilataan pitsat kotiin.
Vedetään henkeä
valmistaudutaan uusiin sotiin.
Nukutaan selät vastakkain
mykkäkoulu, sä et ota mua
miten voit ajatella että haluan sua
Kun et huomaa mua
Kun sanon rakastan sua.
Kun menee pilveen
rakennan meille toisen
auringon
Sun kanssas valhekin tarpeeksi totta on
Eikä enää tee mieli viinii
Ympäripäissäni sinusta
tarpeeksi fiinii.
Meen taas nukkumaan sohvalle.
Tuijotan kattoa
haisen tupakalle.
Laitan jalkaan villasukat
Palelen
Mitään pahaa en tehnyt en en en.
Kyllä kaikki vielä järjestyy

kunhan toikin ensin tosta piristyy
Mä tiedän sulla on vaikeeta
masennusta ja paineita.
Ettei huvita mikään
Eikä tunnu miltään
Mutta silti.... mä olen tässä
Meitä etsimässä.
Kun menee pilveen
rakennan meille toisen
auringon
Sun kanssas valhekin tarpeeksi totta on
Eikä enää tee mieli viinii
Ympäripäissäni sinusta
tarpeeksi fiinii.

Rikkinäinen sydän

Toisten vähättelyt ja pilkka
Auttaskohan kipuun viinitilkka.
Suojapanssarin kasvatin ja käännyin sisään.
Joko riittää ihmiset vai tuleeko lisää.
Käperryin itseeni ja sisimpäni suljin.
Niiden harvojen jotka välitti ohitse vain
kuljin.
Kaupan ikkunassa näkyy kaunis joulukuusi
Mul on rikkinäinen sydän
Rakennetaan uusi.
Ihmissuhteista ei koskaan mitään tullut.
Mut huomioi vain narkit ja tarpeeksi hullut.
Sain nuhteita
Kun en luo pysyviä suhteita
En oo mitään
Kellekään vähää sitää.
Anteeksi että olen olemassa
Peilikuvana
Omassa maailmassa.
Käperryin itseeni ja sisimpäni suljin.
Niiden harvojen jotka välitti ohitse vain
kuljin.
Kaupan ikkunassa näkyy kaunis joulukuusi
Mul on rikkinäinen sydän
Rakennetaan uusi.

Isä

Sohvalla kylpytakissa masentunut isä.
Kysyy multa koska tulee lapsilisä.Keitän
kahvia sulle leivät voitelen
Samalla laskuja rästivuokria hoitelen
Isä katsoo telkkaria täytän pesukonetta
Pitäis tiskata kertaako monetta.
Käärin sätkät valmiiksi
Tuon ne heti sulle
Sul varmaan ei oo heittää
parikymppiä mulle.
Pakko mennä kouluun
oon jo myöhässä
Ei oo mitään hätää isä
minä olen tässä.
Lintsaan koulusta
Meen kellariin syömään eväitä
Ei oo kavereita nypin banaanista päitä.
Nukun hetken sormia palelee
Virtsaan housuun kuin
lämmin liekki se valelee.
Kotona vaihdan puhtaat pikkarit
Joulukalenterissa vuoden vanhat
syömättömät tikkarit.
Isä nukkuu sohvalla iltaan asti
Se kertoi miten äiti sitä ennen rakasti.
Ei hätää isä
Minä olen tässä
sua peittelemässä.
Kyllä se siitä

vaik välil tuntuu etten vain riitä.
Ei hätää isä
Minä olen tässä
sua peittelemässä.
Kyllä se siitä
vaik välil tuntuu etten vain riitä.

Häpeä

Kun sormuksen sä pujotit
sanoit tästä tulee pitkä pesti
Kokonaista kaksi kuukautta sitä huutamista
kesti.
Kun löit mua sanoit että siitä saat
olin vain hiljaa kuiskasin:You broke my heart
Haukuit että en oo yhtään mitään
Teit musta kotiorjan mutta lupaukset täytyy
pitää
Itsetunnon veit ja pankkikortinkin multa
sä hymyilit vain ja sanoit:Oot mun kulta.
Väkisin mä makaan alla sun
katson seiniä ja tuntuu että tukehdun.
Sä lähdet baariin, puet parhaat päälle
Se mikä sussa oli lämmintä
tuntunut on jäälle.
Voitko sä enää muuttuu, miksi olen tässä
Taas yksinäistä iltaa viettämässä.
Se johon tutustuin oli joku muu
Eikä se hyvä tyyppi enää takaisin tuu.
Kulissit kestää lopulta vain hetken
Totuus avaa silmät pilaa yhteisen retken.
Pelkään sua
En tunne sua
Ethän enää koskaan lyö mua.
Ero tekee kipeetä mutta
avioliitto tappaa

Tee mitä teet ei se enää mua nappaa.
Mä tahdon vain pois tästä elämästä
Etkä sä voi estää mua lähtemästä.
Mä rakastan itseäni mutten liikaa
musta et tee enää itelles piikaa
Onneksi tajusin ennen kuin olis ollu liian
myöhästä
Päästä pois häkistä, turhasta häpeästä.

Mä ja Sä

Elämästä kiitän
Toivon että sulle riitän
Toiveeni toteutat kunhan pysyt tässä
Mun vaatimattomassa elämässä
Sylikkäin mä olen sä
Sä olet mä.
En löydä sanoja kun aattelen meitä
Miten yhdessä käsikkäin käveltiin
vastaan moottoriteitä.
Silmistä näen miten paljon välität musta.
Rakastat
Huomaan sen susta.
Sylikkäin mä olen sä
Sä olet mä.
Hiljaisuuden silittävä kätesi särkee
Tää rakkaus on niin suurta
ettei siinä oo mitään järkee.
Maataan vierekkäin sängyllä
Kainalossasi paha katoaa kyllä
Sade ropisee katolla
Ruusun terälehtiä matolla
Sylikkäin mä olen sä
Sä olet mä.
Kun sain sut
Sain lottovoiton
Näin uusin silmin
aamujen koiton
Sun tuoksusi pehmeät huulet

oot paljon parempi
kuin mitä luulet.
Sylikkäin mä olen sä
Sä olet mä.
Olet sieluni puuttuva puolikas
Kadonnut palapelin osakin kas
Sylikkäin mä olen sä
Sä olet mä.
Sylikkäin mä olen sä
Sä olet mä.

Oon masentunut

Aamuisin katson ikkunasta tyhjään
Alusvaatteet päällä kotona vain nyhjään.
Ihan sama onko talvi tai vaiko kesä
Erota en puusta onko siinä tuulen vai linnun
pesä.
Ei ole ketään jonka luokse mennä
Eihän linnutkaan ilman siipiä lennä
Mitä jos pakenisin ulkomaille
Ihan sama jäänkö tänne vai syötetäänkö
mut siellä haille.
Joskus maailma oli vielä kaunis
Mut nyt olen pelokas kun nuori kauris.
En luota enää kehenkään kun ne rikkoi mut
Makaan sängyllä kuten kaikki haavoitetut
Ennen oli toisin kunnes mut tapettiin.
Juhlan kunniaksi kateellisten pöytä
katettiin.
Sydämeni päätyi tiukkaan pakettiin.
Liimattiin siististi uuden vuoden rakettiin.
Mut tahdottiin kuuhun asti
Siellä en ois kenellekään taakka tai lasti.
En kelvannut enää oravanpyörään mukaan.
Sanottiin ettei mua tuu kaipaamaan kukaan.
Elättelen toivoa paremmasta
Kahvilla hoivaan mun sisäistä lasta.

Kumpa pääsis suihkuun asti
Olisin kuin muut tuo parempi kasti.
Kuulin että aurinko tai rakkaus
Ois parantava voima.
Se hiljentäis äänen joka on mun omatunnon
soima.
En uskalla kurottaa korkealle
Riittää kun kapuan sohvalle.
Kunpa jaksaisin pitää itsestäni huolta
Ei tarvis seurata sisäisen kompassin nuolta.
Tahtoisin vain käydä kahviloissa
Ihan tavallisissa kirjastoissa noissa.
Syödä puiston penkillä tötteröjäätelön
nähdä purjeveneitä, maailmanpyörä älytön.
Kunpa jaksaisin pitää itsestäni huolta
Ei tarvis seurata sisäisen kompassin nuolta.
Tahtoisin vain käydä kahviloissa
Ihan tavallisissa kirjastoissa noissa.
Syödä puiston penkillä tötteröjäätelön
nähdä purjeveneitä, maailmanpyörä älytön.
Pidä musta huolta kun itse jaksa en
Mä suhun tartun kun heikko rukoillen
En apua saanut lääkäristä
Enkä enää tiedä mistä
Pidä musta huolta
Ole sä se ihminen
Joka torju mua ei lyöden, kiroillen.

Mulla on ikävä sua

jota en tunne

kun en tunne itseänikään.

Simberg

Enkelin sä voit tavata vain
Jos se törmää savupiippuun
Siivet nokisina
Kun se jää siihen riippuun
Sen maalas Simberi
Ja niil on
Siipipari eri.
Sen maalasi Simberi.
Enkeleistä taivaan lauletaan
Ne kuitenkin on aika ujoja koulun
joulujuhlaan.
Ja se joka lopulta tuli
Se eteiseen suli.
Yksi enkeleistä oli jätetty pihaan koko
yöksi.Lumisadetta voi kutsua niiden
työksi.Lumesta oli itsekin
Sen käsityksen siitä sain
Jolloin se tuumasi
Auran alle vain.
Lapsille uskotellaan että enkelithän suojelee
Ne on pelkkiä höyheniä jotka yöhön leijailee
Ehkä ne on totta joillekin jotka tietää.
Niille jotka myöskin maahisia sietää.
Enkelin sä voit tavata vain
Jos se törmää savupiippuun
Siivet nokisina
Kun se jää siihen riippuun
Sen maalas Simberi

Ja niil on
Siipipari eri.
Sen maalasi Simberi.

Ahdistus

Meitä on monia
Joku tahtoo räjäyttää koulun
Eläinaktivistit vallata Yliopiston Oulun
Joku on anarkisti joka poliisin hevosta
astalolla pisti.
Lopulta ne tulivat koneineen
kaatoivat metsät villihevoset poneineen.
Tämä maa oli ensin eläinten
Nykyään kenen tiedä en
Aboriginaalit joutuivat väistymään tai
muuten ne kuulan kalloon sai
Nyt pellot ovat parkkipaikkoja näetkö sen
Sanot sille mitään voi mä en
Susipatsas alkaa ulvoa.
Paljon myönnetään kaatolupia
Joka kansalle on suurta hupia
Metsät on tuhottu, ne takas tuokaa
Enää ei oo pedoille tarpeeksi ruokaa
Siksi ne koko ajan meitä lähemmäksi
tulevat.
Ei kukaan enää sure vanhaa puuta
Kun ihmisasumuksia suunnitellaan lähelle
kuuta
Maapallo tuhottu on itsekyydellä
Myöhäistä on enää anteeksi pyydellä

En enää unta saa
Mua hirmutyöt nyt vainoaa
Tekisin paljon enemmän jos voisin
Ihan kaikki asiat nyt ois toisin
Toivon ettei oo liian myöhäistä.
Tämä maa oli ensin eläinten
Nykyään kenen tiedä en
Aboriginaalit väistyä sai
Tai muuten kuula kalloon vain
Nyt pellot ovat parkkipaikkoja näetkö sen
Sanot sille mitään voi mä en
Susipatsas alkaa ulvoa.
Toivon ettei oo liian myöhäistä.

Mul on kylmä

Sä teet reissuhommia
olet aina kotoa poissa
Vaik on jouluaatto sä
viihdyt paremmin omissa oloissa.
Suudelmaa mä joudun kerjäämään
Et huomioi mua ensinkään.
Mun on yksin tosi kylmä.
Kun sängyssä hyväilen sua
Kuiskaan et mä rakastan sua
Sä sanot että asioita päässäni vaikeammaksi
väännät
Yritän ymmärtää mutta sä vain selkäsi
käännät
Olin taas viikon yksin kanssa lasten
Tein työt hoidin kodin selkä seinää vasten.
Mun on yksin tosi kylmä.
Etkö sä tajuu mä ikävöin sua
Sitä että sä kosket hyväilet mua
Että olisit leikkisä
Se isä.
Etkö sä tajuu mä ikävöin sua
Sitä että sä kosket hyväilet mua
Että olisit leikkisä
Se isä.
Mun on yksin tosi kylmä.

Viikonloppu

On viikonloppu sä juot taas
Oon niin loppu ja mieli maas
Kuuntelin kun itsees toistat
naisten viestejä puhelimestas poistat
Sanot rakastavasi
Oon varmaan vaihtoehto kasi.
Tuntuu että oot mun kaa
kun on yhteistä lainaa
Kun se on maksettu oon jo
varmaan vainaa.
Sit on vielä se auto ja mökkilaina
Tuutko sä kotiin taas vasta sunnuntaina.
Yöt kuluu tupakoiden yhtämittaa
Kun toinen baarissa kaljaa kittaa
Laitat viestiä tekis hyvää välillä sullekin
Kuiskit muille naisille samaa mitä silloin
mullekin.
Että oot eronnut sanonut hyvästi
Rakastunut taas niin syvästi.
Tiedän että ei mun tarvis kestää
että jos haluun lähteä ei mua voi kukaan estää
Silti mä en osaa pelkään jäädä yksin ihan
korkeintaan mä kiertäisin ympäri pihan
Mun vapaus on kahleen mittainen.
Ilman sua olis varmaan parempi
Mut miten kävi sille joka liikaa empi
Joku toinen rakastais mua
paljon enemmän varmaan

Pelastais päivän jo ennalta harmaan
Mun vapaus on kahleen mittainen
Se joku toinen rakastais varmaan
mua oikeista syistä
En silti pidä komeroihin piilotetuista kyistä.
Mä tahdon rakkautta siltä vaikeimmalta
Tahdon sen tuntuvan joka kerta maailman
haikeimmalta.
Siksi että mul on joku jota odottaa
Joku johon voi itsensä kadottaa.

Sukupuutto

Markkinatalous ja ostovoima
kaiken sanelee
kun kansa polvillaan
almuja anelee
Leipää ja sirkushuveja
Mihin tarvitaan arvoja
Kun etiikka ja moraali
soimaa enää harvoja
Gorillat sumuisten vuorten
Ja pullonokkadelfiinit
nuo uhanalaiset lajit
Sukupuuton koekaniinit.
Ilmasto muuttuu pitäs sun tietää.
Ettei vieraat lajit voi paikallista sietää
Mä hautasin teeveen kun ei sieltä tullut
ikinä mitään
Laitoin multaan ei se alkanut itään.
Mitäs sitten kun riisit on loppu
Ihmiskunnalla on kauhea hoppu
Saada pellot tuottamaan satoa
Ettei maailma katoa.
Gorillat sumuisten vuorten
Ja pullonokkadelfiinit nuo uhanalaiset lajit
Sukupuuton koekaniinit.
Kun pitäs hidastaa mennään kahtasataa
Jatketaan yhä vain samaa rataa

Tuleville sukupolville jätetään nälänhätä ja
kuumuus.
Mihin meillä oli hoppu.
Se on nyt loppu.

Lapsuus

Arvotaan kuka on rotta kirkon
Ei oo reilua jos aina valitsee Pirkon
Vedetään tikkua pitkää
auta ei itkut mitkää
jos hävii
Reilu peli
Seli seli
Täällä pätee ainoastaan lapsuuden lait
Oot mitä oot, sait mitä sait
Rakennetaan maja puuhun.
Aika ei riitä muuhun
Hyvä kun ees läksyt saatiin tehtyä
Kun mielenkiinto alkoi niihin jo ehtyä.
Äiti puhalsi haavoihin aina
Koko perhe saunoi lauantaina
Leikattiin nurmikko Jaffaa juotiin
Postikin vielä kotiovelle tuotiin.
Jouluisin satoi lunta aina
Kuusi oli naapurin metsästä laina
Kesälomat pitkiä maalla silloin
Kalassa käytiin aamuin ja illoin
Konditorioista leviää lapsuuden tuoksu
Oravanpyörässä loputon juoksu
Enää en osaa nauraa kepposille veikeille
Eikä aikaa oo Intiaani leikeille.
Täytyy totista torvea soittaa
iltaisin toivoa että lotossa voittaa

Että selviää tylsistä laskuista
Ottaa oppia mummovainaan kaskuista.
Otsalla roikkuu eka harmaa hapsi
Mun tekee irti päästää mun sisäinen lapsi
Koskaan ei oo tarpeeksi old
Mut lapsuus meni se on sold
Lapsuudessa oli naapurin Eikka
Mä aina yllytin tee kuperkeikka
Eikan kanssa salaa liiterissä tupakoitiin
Maailma oli meidän mitä vain tehdä voitiin.
Eikan kanssa ensi suudelma kesällä silloin
Kun laiturilla me istuttiin illoin
Se kesä oli lapsuuden mittainen.
Sitä vielä silloin tiennyt en.
Että sitä vertaan kaikkiin muihin
täysikuihin.

Äiti&Isä

Isä ei välttänytkään linnaa

kun pienin lapsi potkii
sängystä pinnaa.
Äiti humalassa pihalla toikkaroi
Ihan liian kovaa musiikki soi.
Vanhin tytär nuorisokotiin päätyi
Takapihalle lemmikkipupu jäätyi.
Sitten tuli konstaapeli
Mediheli.
Äiti viilsi auki ranteet
Unohtakaa isästä kanteet
Se kyllä pitää perheestä huolta
Kunhan selvii kännistä tuolta
Olohuoneen sohvalta oksentamasta
Mä ootan meille muuten neljättä lasta.
Niin äiti sanoi
Sen silmissä paloi.
Lastensuojelu kävi meillä
Isoveli ollut oli karkuteillä
Se löytyi toisesta kaupungista
Sosiaalityöntekijällä loputon lista
Mitä pitäs tehdä toisin
Jos mä voisin
Niin Äiti sanoi
Sen silmissä paloi.
Turhaa toivon et ois toisenlaista
Ei oo rahaa ei aurinko paista
Vaikka Mä tahdon kuinka muuttuu
Siihen heti kaikki juoppokaverit puuttuu

Niin Äiti sanoi
Sen silmissä paloi.
Ehkä auttas muutto toiselle paikkakunnalle
Jättää kaikki mennä töihin liukuhihnalle
Niin Äiti sanoi
Sen silmissä paloi.
Sen silmissä paloi.

Jouluaatto

On jouluaatto
Isä soittaa lataamosta
Kun tuut käymään
Pari askia norttia osta
Sillä on taas paha olla
lääkevieroitus resepti katkolla
Miettii taas itsemurhaa
Älä poika murehdi turhaa
Kyl sä ymmärrät jutuista noista
Juu oonhan mä jo kolmetoista
Että haluut kuolla tänään vielä
Että sulla on paha olla sielä
Mun tyttöystäväkin mut jätti
Sano oot saamaton, kämppä sikolätti
Se pyykkikoriin viittaa
Vaik itken, ei se piittaa.
Yritin selittää että Isän paha olo tarttuu
Että pieni poika tällaisissa olosuhteissa
varttuu
Mun pitäs kai olla sen luona siellä
Ole aikamies ja tunteet kiellä.
Puhelin soi täällä Isä
Otetaan tapaamisiin aikalisä.
Kyl sä ymmärrät jutuista noista
Juu oonhan mä jo kolmetoista
Että haluut kuolla tänään vielä
Että sulla on paha olla sielä.

Lumi peitti alleen sen

Jok nyt on jo eilinen
Ikkunassa jääkukkien huurteet
Hangilla pakkasen vääntämät uurteet.
Jänis juossut pihan poikki
Kettua kun karkuun loikki
Kylmyys narisee puissa
jo tuntuu kylkiluissa.
Hevosen sieraimista nousee höyry
vanha tamma selkä köyry
kaminan lämmin kylki
Kun vaari madetta nylki.
Aikasmoinen myräkkä taas
Kun kaatuneita puita maas
Kun pohjoistuuli riehui
Kahvi yli kiehui.
Lapset laskettelevat mäkeä
No onpas täällä väkeä
Punaposkia vain
Lumipallosta sain
Jäähtynyt kaakao tekee tenän
Banaanista saan lumiukolle nenän.
Reki kilahtaa
Maisema vilahtaa
Väsy vällyjen alla
Kotimatkalla
Pakkanen paukkaa
Humma laukkaa.

Osastolle hoitoon

En päässyt hoitoon kuitenkaan
vaikka lääkärin yritin vakuuttaa
Tölkinavaajalla avasin ranteeni
mattoveitsellä viilsin lanteeni
Meil on liian pitkä hoitojono se sano
Johonkin muualle mene ano.
Jäin kotiini ahdistuin
Vedin kaljat lääkket ja masennuin
En enää tiedä oonko psykoosissa
vai sekakäyttäjänä paniikissa
Ei väliä onko maanantai
Sen jälkeen tulee perjantai
Kello voi olla kohta ilta kuus
Silloin alkaa mulla päivä uus.
Seison ulkopuolisena liikennevaloissa
Näen pelkkää epätoivoa noissa kerrostaloissa
En kuulu tänne
Mut minne sitten
Pyydän, anon
Um Bitten
Miksi olen täällä jos kukaan
ei välitä musta
Ei tajuu että olen riippuvainen
hoitoratkaisusta
vaikka huudan apua
kukaan kuule ei
Lääkäri viimeisen toivon vei
Mä en kiinnosta ketään.

Seison ulkopuolisena liikennevaloissa
Näen pelkkää epätoivoa noissa kerrostaloissa
En kuulu tänne
Mut minne sitten
Pyydän, anon
Um Bitten
Miksi olen täällä jos kukaan
ei välitä musta
Ei ne tajuu että olen riippuvainen
hoitoratkaisusta
vaikka huudan apua
kukaan kuule ei
Lääkäri viimeisen toivon vei
Mä en kiinnosta ketään.
Mä en kiinnosta ketään.

Rampa
Uuno Kailasta mukaillen.

Pihassa seurasin leikkejä lasten
Nojasin vanhaa koivua vasten.
Hiekkalinnan sisimpään he kätkivät
yhteisen hyvän.
Tiedon korkeamman suuren niin syvän.
Yks heistä rampa on
Hieman syrjässä yksin onneton.
Suljen silmäni ja hän kävelee taas
Luojalle kaikki mahdollista on taivaas ja maas.
Tuo riemu mik heillä on
Tunne tuo jok meil usein on mahdoton.
Jakaa yhteinen ilo ja onni kera muiden
Polvet naarmuilla jatkaa hymyssä suiden.

Toivottu lapsi

Sä olit toivottu lapsı
Mä jo yli nelikymppinen harmaa hapsi.
Toivoin sua enemmän kuin mitään muuta
Äitikin sanoi multa on peritty silmiä suuta.
Mielessä kävi pituus paino,potkuhousujen
koot
Hei Mä oon sun iskä, kuka sä oot.
Meni vuosi täs on jotain outoa nyt
Ei tullut puhetta
Et kävelemään lähtenyt.
Lääkäri sanoi teidän lapsi on autisti
Lausuntoonsa sen sitten lopulta pisti.
Pari kuukautta siitä kun Posti
vammaistukipäätöksen kotiin toi.
Isä kyynelehti pari viikkoa joi.
Ei puhunut äidille ero tuli pian
Voiko lapsen palauttaa kuka korjaa vian.
Meni muutama kuukausi hyväksyä asia niin
et me aikoinaan mentiin naimisiin
Luvattiin että vaikka mitä tulis
ollaan toistemme puolta
Pidetään lapsista yhdessä huolta.
Tää lapsi on ihana sehän oppii koko ajan
Kunhan määrittää säännöt kertoo rajan.
Öisiä herätyksiä kuumetta taas
Välil on vaikeeta siipi on maas
Silti mä rakastan sua kaikin tavoin
Oon sulle rehti ja aina avoin

Sä aattelet asiat toisin
Kunpa ymmärtää sua aina voisin
Mut sulla on oikeus olla sä
Ollaan yhdessä vahvoja ku
mä oon mä.
Ihanaa kun oot mun kanssa täällä
Ollaan yleinen huvinumero koulukentän
jäällä
Mut ei me välitetä muista
Vaik hokkarit ei aina luista
Koulun pihassa heitetään heipat moi
Onnex Haikara sut meille toi.
Elämä olis tylsää ilman sua.
Oot Superrakas.

Sydäri

Naapuri oli raskaana viidennellä kuulla

Mutsi veikkas poikaa niin saattoi luulla

mut tyttö syntyi pudotessa lehtien

ihan laskettuun aikaan ehtien.
Äiti kävi viemässä lahjan heille
mut pari päivää meni kun ne toi sen takas
meille
Tyttö oli kuollut sydän ei lyönyt
Eikä se ollut rintaa juurikaan syönyt
Tuntuu ettei sen jälkeen enää mikään
toiminut
Enkai mä muuten ois sen leluja pihalta
poiminut.
Kaikki oli varmoja että tyttö kasvaa siihen
leikki-ikään
Vanhempia ei nyt lohduta mikään.
Pihassa keinukin riippuu kuin voimaton suru
Onnesta jäljellä sirpale, muru.
Vanhemmista tuli onnettomia.
Sohvalla he olivat kuin kaksi
kysymysmerkkiä vain
kaukana toisistaan sen käsityksen sain.
Tyhjä leikkipuisto vaivaa mua kun mä
aattelen pientä kuollutta sua

Miten sun isä ja äitikään eivät enää jaksaneet
Häätökin tuli kun eivät vuokria maksaneet.
Neki sit löytyi kotoa kuolleina ihan
sut olivat haudanneet luo takapihan
Ruosteinen syksy jatkoi työtään
Taivaalla Orion pidensi vyötään
Siksi syksyllä on surun aikeet
Monilla silloin ajat niin vaikeet.

Yksinhuoltaja

Me asuttiin lapsen kanssa
vähän aikaa kaksin
samaan aikaan sain työpaikan terveystalon
vaksin
Siitä luovuin vaik ois tarvinnut puntia
Mun lapsi tarvitsee kaikki ne 24 tuntia.
Mä päätä raavin työstä luopua raskin
Käyttöön tuli nopeesti taskulaskin
Miten paljon meillä on varaa ruokaa ostaa
Mihin riittää omaishoidontuki paljonko on
varaa ostaa.
Ero ei satu Mä feikkasin
Kun valokuvista vaimon irti leikkasin
Lapsen teki pahaa ku isä itki
Ja taaperon mentyä nukkumaan
viiniä litki.
Enää meillä ei oo kotia yhteistä
Eikä kukaan enää välitä meistä.
Mutta yhtä paha olo vaimollakin oli
Ei riittäneet kaverit ei maistu alkoholi
Mut onnex et lakannut toivomasta
Että vielä joka ilta syleilisit tätä lasta.
Joka yö hän itki uneen itsensä
Jotakin puuttuu lapsi ja hänen miehensä.
Kerroit että sul ois ollu ottajia muita
Jotka lupas unelmia timantteja täysikuita
Mut sun sydän sanoi toisin
Kumpa sun kanssa vielä olla voisin.
Keväällä aloitettiin alusta

Tahto tapahtui molempien halusta
Ei me leikitty että tää ois uutta aivan
Eikä haittaa jos menneisyyttä joskus kaivan.
Me ollaan se mitä ollaan eletty
Yhä vahvempia kun niistä on selvitty.
Rakkaus muuttuu vahvemmaksi
vanhemmiten
Kun ymmärtää asiat siten
että pitää antaa aikaa tilaa
Itsekkyys vain kaiken pilaa
Yritä päästä irti turhasta huolesta
Älä ajattele liikaa toisen puolesta.
Liika mustasukkaisuus luo epäluottamusta
Kun toiselta odottaa kunnioitusta.

Liisa jäi auton alle

Siitä on kaksi vuotta kun kolmivuotias Liisa
jäi auton alle
Muistoksi jäi pari piirrustusta päiväkodista ja
kirjanhyllyyn nukkavieru nalle.
Äiti masentui osastolle isä haulikon suuhun
laittoi
Piipun sahasi poikki ja sen irti vielä taittoi.
Perheen lemmikkikoiran kävi
poliisi lopettamassa
Kun samaan aikaan esikoinen oli
koulussa opettamassa.
Ei uskaltanut kertoa äidille että isäkin oli nyt
poissa
Otti virkavapaata töistä viihtyy nykyään
ryyppyporukoissa.
Äiti sai kuitenkin uutisen kuulla ja hoidosta
karkasi
Naapuri oli kuullut miten se jäihin
hukkuessaan
viimeisen kerran parkasi.
Esikoinen juo yhä
Pikkusiskon muisto on pyhä.
Hän muistelee pöytäviinan voimalla
Miten pikkusiskon uneen iltaisin silitti
Sitä usein ryyppyporukalle muistaa tilitti.

Muisti myös miten isä juovuksissa äitiin
väkivalloin kajosi
Ja miten kävi Tirlittanin kun sen talo hajosi.
Esikoinen ihmettelee miksi on yhä elossa
Kun hän ei enää elä edes Herran pelossa.
Juopottelu itsemurhista hitain muoto on,
ei tuskaa lienee moista.
Ei kai mikään niin suurta surua, sydämestä
poista.

Exä

Sä erosit kun löysit mut
Mä sanoin ettei edes kuuden vuoden jälkeen
sun ex oo sua tuntenut.
Se mitä sä kaipasit oli rakkaus hellyys
huomio
Mut sun tarpeille tuli sieltä täys tuomio
Ja ex viihty paremmin kavereiden luona.
Missä se oli kun eka lapsi oppi kävelemään
tuokiona tuona.
Sä olit aina kotona lasten kanssa tietenki
Sanoit mee sitte niiden kavereides luo
Se sanoi niin meenki.
Sua harmitti kun se oli aina pilvessä
Autossa lommoja lokasuojassa kilvessä.
Kun se ajeli miten sattui sillä
Korjataaanko se ja fyrkalla millä.
Sä otit lapset samaan sänkyyn
Unen toi pellavapäiden tuoksu tuttu.
Ex jäi sohvalle makaamaan
oli telkkari sille se juttu.
Sit kun sä erosit siitä
Se huusi Oot Rakas
Teen mitä tahansa kulta että saan
sut takas.

Mut mikään ei silti muuttunut, sanoit
koska se ei aidosti rakastanut mua

Se muuttunut olis jo aiemmin
Sanoin jos se ois rakastanut sua.
Mutta onnex niin kävi
Meistä tuli me
Koska meillä on kokoajan ollut juttu on se
Joka monilta muilta puuttuu
Hellät sanat kitalakeen juuttuu
Kädet tärisee
Työpaikalla kännykkä värisee
Mun on ikävä sua, tuutko sä kohta
Laitoin meille uunilohta
Hieron sun hartioita
Sä sanot miten kipeet koita
Niskakuoppaan suutelen sua
Silität poskee hyväilet mua
Oot ihan parasta mulle
Mä rakennan uuden universumin
sulle
Sä oot mussa niinkuin ollu aina oisit
Paremmin et enää olla voisit
Tää on aitoo
välitä en muista
Rakastan sua, tää on ikuista.

Aune

Mummo juttelee kukalleen
miettii mitä parturi teki hänen tukalleen
Taustalla Sunnuntaiset kirkonkellot
Kaksi kerrostaloa viljapellot.
Siitä on kaksi syksyä kun Veikko kuoli
Ei poistu Aunen sydämestä murhe huoli.
Yhä hän näkee Veikon seuraintalon portahilla
Poika varustettu oli valkolakilla.
Poika kysyi Aune niiaa
Poika häkeltyi koko kotimatkan riiaa.
Toinen toisilleen he vannoivat jo silloin
Tapaavansa missä milloin
etteivät juorut kiiri
Heitä näe suupaltti-Siiri.
Kesät meni talon töissä
Väliin ehti sota
Veikko pelkäs, mä kuolen
Jos et mua mieheks ota.
Mut saatiin rauha lopulta
säästyttiin turhalta hopulta
Kun syntyi tyttö esikoinen
Kauniimpaa tietää voi en
Nimeltään Katri.
Soitti vihdoin hääkellot nuo
Onnea heille juhlaväki suo
On morsian kuin kesäpäivä tuo
Veikko ottaa valssiaskeleen hänen luo
Joku ottaa valokuvan
Veikko kysyy saanko luvan.

Aune punastuu ja nyökkää.
Kului vuodet syntyi vielä kaksi lasta
Yhtä aikaa heidät kasta
Papille ehdotti Veikko.
Sydämeltään jo silloin heikko.
Eräs kaunis aamupäivä kun Aune heräsi
tapansa mukaan lattialta Veikon vaatteet
keräsi
Keitti kahvia huusi Veikkoa
Silloin jo kovin heikkoa
Mutta Veikko ei mitään vastaa
Aune pullan kahviin kastaa
Iskee pelko eikä suotta
Eletty yhdessä on jo monta vuotta.
Ei Veikko enää toipunut
Oli Aune kovin voipunut
Lapset arkun kantoivat
Tekivät minkä voivat
Nyt Aune ihan yksin on
Koti kylmä lohduton
Kaipaa iloista Veikkoa
Sitä sydämeltään heikkoa.
Aune katsoo ikkunaan miten kävi Veikon
kuolon hetkenä tuona
Onneksi aikuiset lapset käy hänen luona
Muuten on niin yksinäistä
Eikä ole pitkä veikon ja hänen häistä
Ei se ainakaan tunnu siltä
Kampaus näyttää ties miltä.
Kohta keitän Veikolle kahvit vielä
Ettei sulla oo nii paha mieli sielä

Varro vielä rakas
Sä saat mut vielä takas.
Aune tulee kohta sinne
Kun kerrot tien minne
Mä olen täällä kovin yksin Veikko kulta
Kun en saa enää unta sulta
Niin kova ikävä on mulla.
Tahdon luoksesi jo tulla.

Maailmanloppu

Kuumuus tuhoaa sadot
Insinöörit purkaa padot
Katovuosia nälkää sotia
Ikävä tulee rakasta kotia
Kotimaa jää
Edessä tuntematon määränpää
Ilmastopakolaisuus
Ei oo enää mikään salaisuus.
Kauppoja ryöstetään ruokaa täytyy saada
Mitään ei tapahdu jos ei raja-aitoja kaada.
Diktaattorit eivät mitään voi
Kun kansa ottaa vallan, vapauden torvi soi.
Ruoka loppuu elintila
Huono pila tai strippi
Sanaton on idealisti hippi
Aktivisti on hiljaa
Rahalla ei saada enää viljaa
Seteleitä kolikoita ei voi syödä
Ei oo sellaista jota ei vois myödä
Että sais safkaa
Ei oo sellaista lafkaa
Hedelmiä lihaa
pelkkää vihaa.
Lopulta ihmiset syövät toisia
Kohta jäljellä pelkkiä loisia
Luultiin että rottien ajat koittavat
Mutta kulkukissat voittavat.
Ne viimeiseksi lienee jäävät
sienet käävät.

Tyttö

Tyttö unirättiä puristaa
Isä äitiä kuristaa
Kyyneleet lämmittää poskia
Kissat kaivelee pussista roskia
Lopettais jo kuiskaa hiljaa
Kukaan ei huomaa pientä Siljaa
Joka söi viimex kaks päivää sitte
Mitä vittua vanhemmat aattelitte.
Silja näkee pahaa unta joka yö
Siinä ilkeä isä aina äitiä lyö
Märät pikkarit päiväkodissa päällä
Kumisaappaat jalassa säällä kuin säällä.
Lastensuojelu asiaan puuttui
Sitten taas isä äidille suuttui.
Kuinka moni lapsi elää helvetissä
Rikkinäisestä perheessä, ties missä
Kyyneleitä riittää aina johonki asti
Kunnes putoo harteilta taakka ja lasti.
Yleensä lapselle etsitään kotia uutta
Mut ei ne voi sinne ottaa jokaista kuutta
Moni näistä tekee itsemurhan
Jos vanhemmat tajuis vois välttää
kohtalon turhan.
Vastuu lapsista on aina vanhempien
Elää voi oppia kanssa virheiden
Jokainen lapsi kaipaa äitiä ja isää
Pitäs kaks kertaa miettiä jos niitä tekee lisää
Lapset on elämän suola
Niiden paikka ei oo perhekodissa tuola.

Mikko

Siistejä laineja
Kuka tää jätkä on?
Se on yks Mikko
Luuseri ihan munaton
Kotona makaa
Ei käy töissä
Viihtyy radalla liikaa öissä.
En tajuu sitä jätkää
Tuijottaa tyhjää käärii sätkää
Se on muka joku vitun runoilija pelle
Kirjoittaa hih no vitttu kenelle
Ei sen juttuja kukaan lue
Eikä sen räpellystä säätiöt tue
Eihän se saa ees apurahaa mitää
Ja monikohan juttu siitä paikkansa pitää.
Se on muka tehnyt kaikenlaista
Elämä sen kans on yhtä painajaista
Kertoo sen jokainen ex-muija
Et se jätkä on täys nuija.
Se jätkä vois mennä hirtee
Vitun tekopirtee
Sil on kyl pääs vikaa
Muistuttaa pystyyn nostettua sikaa
Luulee olevansa joku
Vaikka on pelkkä vitun doku.

Repe

Repen elämä on pyörätuolissa
Kumpa se olis ollu valittavissa
Mut rattijuoppo ajoi päälle yöllä
Raput pääsee ylös vain kovalla työllä
Ensin meni pillereitä ja viinaa
Kyvyttömyys seksiin yhä vain piinaa
Sitten piriä subutex värinä
Aamulla päällä hirveä tärinä
Oli katkolle pakko hakea
Olotila ollut ei kovin makea
Uskoonkin yritin kääntyä
Spagaattiin vääntyä
Ei auttanut mä oon aina tässä
Olin pikkuhiljaa asian hyväksymässä.
Mä opin että oon yhtä arvokas ku kaikki
muutki
Mä pärjään kyllä ja tukin monet suutki
Mä olen esimerkki monille teille
Myös epätoivoisille heille.
Jotka miettii että tää loppuu tähän
Mut jos nyt luovutat oot eläny liian vähän.

KEVÄT
Koivut hiirenkorvilla
Taivas täyttyy Kurkien torvilla
Aurinko hyväilee talon punamultaa
Pilven reunat saa kultaan
Leskenlehdillä vielä huppu
Sadetilkka jo aukeaa nuppu
Tuuli soi kissankelloissa
Lumi viihtyy vielä pelloissa
Jäiden narina
tuttu tarina
Sateen ropina katolla
Kurajäljet matolla
Vesiperhoset joen pinnalla
Sudenpentu emän rinnalla.